숲, 기억 만 리

숲, 기억 만 리

초판 1쇄 2025년 9월 10일
지은이 김임순
펴낸이 김영재
펴낸곳 책만드는집

—

주소 서울 마포구 양화로3길 99, 4층 (04022)
전화 3142-1585·6
팩스 336-8908
전자우편 chaekjip@naver.com
출판등록 1994년 1월 13일 제10-927호
ⓒ 김임순, 2025

—

* 본 도서의 판권은 저작권자와 책만드는집에 있습니다.
  본 도서 내용의 전부 또는 일부를 재사용하려면 양측의 동의를 받아야 합니다.
* 잘못 만들어진 책은 구입하신 서점에서 바꾸어 드립니다.
* 본 도서는 2025년 부산광역시, 부산문화재단 〈부산문화예술지원사업〉으로 지원을 받았습니다.

—

ISBN 978-89-7944-903-7 (04810)
ISBN 978-89-7944-354-7 (세트)

책 만 드 는 집
시인선 265

숲, 기억 만 리

김임순 시조집

책만드는집

| 시인의 말 |

아득한 길이었다
산, 언덕 골짝 넘어

헛딛는 걸음 사이
낮은 풀꽃 와서 피고

햇살 든 우듬지까지
가야 할까 난 몰라

2025년 초가을
김임순

| 차례 |

5 • 시인의 말

1부 살다 살다

13 • 호박이 굴렀네
14 • 사월 황사
15 • 그땐 그런 양
16 • 다시 읽는 담쟁이
17 • 살다 살다
18 • 빈집 주인
19 • 청매실
20 • 앞산에 걸린 달
21 • 지구촌, 북쪽의 길
22 • 진달래
23 • 별을 심는 마을
24 • 홍여새 날다
25 • 목포에 가거든
26 • 팔만대장경의 숨결
27 • 슬도명파

2부   보초 선 초승달

31 • 억새를 꺾다가
32 • 퍼즐 맞추기
33 • 보초 선 초승달
34 • 기울기 23.5
35 • 애월 바다를 보며
36 • 꽃샘추위
37 • 숲, 기억 만 리
38 • 승용차를 탄 사마귀
39 • 패자부활전
40 • 가을 편지
41 • 파꽃의 시간
42 • 한잔합시다
43 • 꽃이 피었네
44 • 덩굴의 시간

3부 태산 같다는 그 말

47 • 가을 개막식
48 • 태산 같다는 그 말
49 • 겨울 단편
50 • 풀꽃 이야기
51 • 화려한 독주회
52 • QR코드
53 • 사랑학 개론
54 • AI, 게 섰거라
55 • 수승대 출렁다리
56 • 묵은 골목길
57 • 사문진 나루터
58 • 더디 오는 봄
59 • 동강할미꽃
60 • 동지 밤 이야기

4부 첫눈에 첫눈

63 • 보리암 소묘
64 • 오월이면
65 • 오시리아역
66 • 닫힌 것에 대하여
67 • 노래가 된 여름
68 • 서운암 돌확
69 • 봄비
70 • 첫눈에 첫눈
71 • 쪽파 변신
72 • 선풍기
73 • 죽녹원에서
74 • 새 한 마리
75 • 여뀌꽃
76 • 절벽

5부   사람 사는 이야기

79 • 그해 소한
80 • 사람 사는 이야기
81 • 심부름
82 • 껌
83 • 춘분
84 • 학, 달빛에 그으는 밤
85 • 운주사
86 • 꼰대 세대
87 • 뭉크미술관에서
88 • 자장가
89 • 제주, 곶자왈
90 • 또 한 시절
91 • 천하장사
92 • 옹기, 모여 산다
93 • 둘이서만

94 • 해설 _ 이경철

1부

살다 살다

호박이 굴렀네

잡풀 속 호박 넌출
명함도 못 내더니

절기 알람 된서리에
일제히 기절한 풀

세상에,
풀 죽은 풀숲에
벌거벗은 달덩이

사월 황사

창 너머 불청객은 햇봄을 뒤덮고도
세상이 저들 것인 양 지근지근 딛기 일쑤
돌이 된 선량한 민심 지렛대를 잡을 시간

모진 겨울 견뎌낸 대쪽 같은 대파인데
저들의 손에 들려 전파를 타는 수난
쪽파도 놀란 가슴팍 할딱이는 숨소리

몇 굽이 골짝 넘어 찾아온 이 봄날을
도를 넘는 뿌연 바람 얼마나 더 허허해야
끓는 맘 추적추적 비 오고 피다 말고 지는 꽃

그땐 그런 양

창밖에 달그림자 찾아와 서성여도
빈 가슴 쓸어내어 꽃비처럼 가겠지요
지독한 외로움 하나 불러와 앉힙니다

목단꽃 피었다고 다녀가라 하시던
이 꽃을 나 혼자서 어찌 다 보느냐시던
"야들아, 외롭다 외롭다 어찌 이리 외로울꼬"

시인 듯 주문呪文인 듯 운율로 퍼지던 말
유선 따라 마음 한켠 그런 양 넘겼지요
그 너울, 두고 가신 어머니 비가 되어 적십니다

다시 읽는 담쟁이

흙담이 허물리고 쓱쓱 쌓은 시멘트 담
능구렁이 넘던 담 느린 정 사라지고
땡볕에 달아오르다 오뉴월을 뿜어낸다

어느새 이 봄날 희멀겋던 벽을 감싼
초록빛 날개 위로 구르는 참빗 햇살
무성한 빈집의 적막 고요가 들썩인다

씨줄 날줄 촘촘히 미어지게 짜놓고도
한 잎 한 잎 내민 얼굴 신의 손길 만장일치
여린 손 감춘 눈물로 여름 한 폭 놓은 수

살다 살다

지구 곳곳 드센 불길 잿더미만 남았겠다
풀꽃 같은 예찬도 형용사도 타버리고
뿐이랴 지구 어디쯤 생계를 진 작은 발

뉴스 속 등장인물 치고받는 속사포
거실 복판 자리 잡고 도를 넘는 분탕질
안개꽃 만발한 네 탓 물음표만 쌓이네

역병 떠난 그 자리 피노키오 길어진 코
의뭉한 신조어들 발길에 채이는데
밀물을 기다리는 배* 수평선을 당겨본다

* 앤드루 카네기의 꿈을 키워준 그림에 적혀 있는 문구.

빈집 주인

아홉 식구 어미 새는 노을이 품어 가고
새끼는 새끼대로 뿔뿔이 제 갈 길로
둥지는 곰삭은 자취 끌어안고 쿨럭인다

계절 따라 꽃이다가 풀풀이다 감이더니
겨울엔 이름 없는 동장군이 주인이다
햇살이 말려보지만 한사코 일을 낸다

댓돌 위 흰 고무신 눈발을 털어내며
"뭔 날씨가 고추 껍데기다 빛값도 못 하겠네"
모퉁이 도는 바람이 웅성대는 목소리

청매실

헐벗은 꿈 돌려 깎아 한 땀 한 땀 기워내듯
너덜겅 발길 막던 습습한 터널의 날
매화골 긴 산등성도 통증 잊고 매달렸다

보송한 솜털 빛이 시린 시간 흔들면
객기도 선부름도 차마 묻지 못한 안부
신들린 붓끝 난장도 옹골지게 매단다

앞산에 걸린 달
- 김환기 고택에서

청마루 앉고 보니 주인인 듯 편안한 산
나지막 반달 능선 초록 물감 묻어온다
그림자 서성이는 건 여태 남은 숨결이다

방문은 열려 있어도 닫을 사람 없는 집
세월 속 달이 지듯 달 속에 지는 사람
저 산은 그리움 풀어 별을 실어 나르는가

지구촌, 북쪽의 길

산골짜기 물길이 깊고 긴 바다란다
몸을 푸는 만년설은 흰 뱀으로 용틀임 중
피오르, 두근대는 풍경 나는 금방 섬이 되네

흰 거품 뿜어내는 삼단 폭포 물안개
탄성 속에 전설 속에 무지개 휘장이다
먼 산 위 훌드라* 요정 가물가물 빠져드네

빨간 지붕 하나둘 모여 사는 낮은 언덕
주인은 보이잖고 양들만 풀을 뜯는
한갓진 하늘의 흰 구름도 고향인 듯 선연하네

---

* 붉은색 드레스를 입은 노르웨이 목동들의 전설 속 숲의 정령. 호스폭포에 산다고 전해진다.

진달래

봄이 오는 길목에 어느새 분홍 편지
그 옛날 할아버지 지게에 꽂혔던 봄
한 마리 노랑나비도
어디선가 날아들 듯

겨울 품속 눈 비비고 깨어난 참꽃 젖내
양지 기슭 견뎌내던 허기진 봄날 위해
오는 봄 천 년도 경전같이
진달래 피고 지네

별을 심는 마을

해변에는 몽돌들이 몽글몽글 모여 산다
파도에 제 살 깎아 억만 겁 견뎌낸 생
파도는 시원始原의 언약 안겨오는 그를 안다

세상의 끈 돌려주고 별빛 되어 사는 마을
집채만 한 파도를 맨몸으로 받아친 생
이제는 세상 밖 안개 기대 누운 하늘공원*

결 고운 바람 소리 미소 띠며 들을랑가
보고픈 사람을 속으로만 그리는가
이름표, 이승 다녀간 뜨거운 낙관이다

* 양산 천주교 공원묘지.

홍여새 날다

한 시절 쌓아둔 편지 뭉치 속에서
붉은 열매 가지에 앉아 있는 새 한 마리
침침한 눈길에 잡힌 홍여새 80 대한민국

홀씨가 부러웠을 곱다시 갇힌 시간
날지 못한 내 젊음도 다 두고 떠난 자리
날마다 붉은 꼬리로 힘주어 지켜낸 꿈

빛바랜 그 시간들 무장무장 일어선다
묻어둔 이름 하나 잔물결 나비 되어
오늘은 너를 보낸다 그리운 사람에게

목포에 가거든

한반도 동남쪽 끄트머리가 부산이면
바로 튕겨 서남쪽 끄트머리가 목포다
아침 해 하루를 돌아 유달산에 노을 지네

밤새워 달려온 완행열차 종착역
흑산도 아가씨도 홍도의 깃대봉도
목포항, 은비늘 딛고서야 만날 수 있더라

반주부터 녹아드는 정이 묻은 트롯 18번
"목포!" 하고 느닷없이 불러봐도 늘 항구다
떠나간 그리운 사람 모두 그곳에 머무는 듯

팔만대장경의 숨결

원력願力에 기대선 구국의 일념 너머
수 세기 전 대장경이 숨결로 피어났다
부처님 팔만사천법문
인간 번뇌 씻음이여

물같이 바람같이 살라시는 말씀 울려
천년 건너 또 천년 영원을 비추시니
대장경 그윽한 법보法寶
해인사의 빛이여

슬도명파 瑟島鳴波

갯바람 만난 파도 바위섬을 끌어안자
부서지는 숨결은 달빛의 허밍인 듯
서늘한 거문고 울림 술대의 떨림이다

해국도 달빛 감고 혼곤히 잠이 들면
등대만 깜박깜박 수평선 내달릴 즘
바위섬 심연에 쟁여진 그리움이 곡조 되는

2부

보초 선 초승달

억새를 꺾다가

낮달 진 무덤가에
은빛 노을 흔들린다

억새의 환한 손짓
가을 한 필 보쌈하려다

꺾어도 꺾이지 않는
빈손엔 맑은 눈물

퍼즐 맞추기

쏟아부은 조각이 흐트러져 있더라도
꼬리 이어 맞춰보면 점점 이빨 맞아진다
간이 큰 세상마저도 심장 뛰는 퍼즐 게임

순리에 순응하는 더 착해진 가을이
참빗 빗은 햇살로 우리 곁에 와 있건만
묻은 겨 고백도 없어 차마 안지 못한다

수면 아래 불어터진 진흙탕 이야기들
추적추적 내리는 비 하늘 들어 그치면
저만치 가는 가을에게 잘 가라는 인사라도

보초 선 초승달

부나비 찾아드는 푹푹 찌는 한여름 밤
산마루 초승달은 지구를 돌아오다
시냇물 징검돌 아래 멱을 감아 산뜻하네

두레박 첨버덩 우물물 퍼 올려서
어둠 뒤에 까무룩 한바탕 친 등목 세례
세상은 다 내 편인 듯 찡긋 웃는 눈썹달님

기울기 23.5

가슴속에 지축 하나 붙들고 살아간다
꼿꼿한 심지 아닌 절묘한 내 기울기는
고만큼 숙인 풀꽃들 속삭임을 듣는다

갸우뚱한 자전축 생명 리듬 시작된 날
혹독한 계절 따라 순응하는 지구인
견뎌낸 벼랑의 틈새 어김없이 봄은 오고

어머니 굽은 허리 호미마저 굽어진 채
일궈낸 천수답을 하늘 향해 손 모으면
중력은 비를 끌어와 알곡으로 익혀낸다

애월 바다를 보며

한 번 듣고 새겨지는 이름 있다 애월
꾹 다문 수평선을 줌으로 당겨오면
불현듯 날개를 펴는
앨버트로스 흰 파도

바다도 푸른 하늘 하늘도 푸른 바다
마주하면 저렇듯 경계를 허무는 일
멈춘 듯 느린 생의 우화寓話
유월 물색 저려온다

바라만 보아도 사랑하는 일임을
숯덩이 된 갯바위가 "어떵 살코, 저들지 맙서"
처얼썩 맨발로 왔다 가는
바람 업은 저 파도

꽃샘추위

하르르 폈는데 매화꽃 다 폈는데

봄 햇살 감춰놓고 바람은 왜 저럴까요

오소소 조막손 꼬옥 잡고 매달려 떠는 꽃잎

첫눈에 비친 세상 물색없어 어떡하나

꽃의 미련 못 버려 숨어 있던 겨울 고집

꽃잎도 눈을 뜨는 아픔 비로소 꽃이 된다

숲, 기억 만 리

비 그치자 숲에 들면 나무들의 젖 내음
아득한 기억 타래 기척 없이 뛰어든다
앞섶을 풀어놓은 듯 그 향기 등천하네

팽나무 때죽나무 나이테에 쟁여둔
깊은 속내 은근슬쩍 굽턱마다 비친다
유월 숲, 잊어도 못 잊은 저편 시간 여기 있네

승용차를 탄 사마귀

제초기 둥근 날이 풀숲 봉분 드러낸 날
고요가 부서질 때 놀란 사마귀 한 마리
내 몸뻬 꽃무늬에 붙어 멀뚱히 앉았더라

그날 밤 식탁 위에 "어마야, 사마귀다!"
허리를 덥석 잡아 창밖으로 내던졌다
순식간 18층에서의 일 밤공기도 싸하다

초록의 연미복은 낙하산이 되었을까?
왜 따라나섰을까? 번잡한 이 먼 길을
미물의 파란만장이 오래도록 펄럭인다

패자부활전

한순간 치닫는 극과 극은 냉엄하다
승패는 격렬하여 채찍 치며 달리는 말
수없이 패자로 몰린 날
성근 가슴 손든다

양지 뒤에 주눅 든 눈 다 털고 일어서라
눈물도 발효되면 단비로 적셔질 터
볕뉘는 동아줄 되어
또 한 번 꿈을 꾼다

사는 건 순간순간 팽팽한 줄다리기
일상사 늘 겨루다 헛디디기 일쑤지만
떨리는 패자부활전
살맛 나지 않는가

가을 편지
−故 박권숙 선생님께

뭉클해서 내려놓고 아름다워 아득해지는
시집을 열어놓고 행간에 걸려 있다
풀벌레 공덕에 기대* 빚진 울음 갚는 밤

주고받은 문자, 편지 별빛 되어 반짝이고
첫머리 늘 "아유 선생님!" 아직도 따스한데
되로도 준 적 없건만 말로 듬뿍 주던 사람

암만 봐도 하늘 권속 살아 있는 성모인가
본명 역시, 마리아라네 생떼 기도 못 한 후회
돌아든 이 가을밤에 풀벌레 자꾸 웁니다

* 박권숙 시 「만월」 첫째 수 중장에서.

파꽃의 시간

미 솔 사이 악상기호 P가 붙는 파 있다
풍미를 더해줄 파 흙 속에도 자란다
초록 잎 원통의 심지 하얀 허리 꼿꼿하다

스쳐 간 봄바람 끝 오디 익는 유월이면
긴 대롱 방울 하나 매달고 뜸 들이다
파 파 파 파꽃이 터졌네 봉오리 속 별이었네

저만치 그때처럼 파꽃을 따는 엄마
소박한 무명 치마 하늘의 권속인 듯
한 무리 하늘 향한 팡파르 구름송이 마주 웃네

한잔합시다

바른고기 구잇집 옆 훔친고기 구잇집
버젓이 이웃하며 간판끼리 시위 중
갸우뚱, 선택의 기로 냄새 먼저 코를 꿴다

거리두기 오랜 날 묵언수행 도를 넘어
냉장고 속 냉소주도 냉가슴만 앓던 차
불볕도 어스름 귀갓길 부딪는 잔에 별이 돋는

꽃이 피었네
- 호국 보훈의 달

범나비 한 마리 살포시 앉았는데
구멍 숭숭 녹슨 철모 미동이 만무하다
구멍 위 고개 내민 엉겅퀴
깃든 평화 곱디곱다

조국의 붉은 산하 산산이 흩어진 날
유월 그날 칠십 해 돌아 돌아 초록인데
다 두고 그 자리 그대로
속절없는 넋이여!

그리움도 이골 나면 눈시울이 맑아오고
세월은 늙어가도 늙지 못한 용사여!
뿌린 피 이 봄도 꽃 피우니
그대 고이 잠드소서

덩굴의 시간

모란이 잊히고 나면 덩굴장미 붉게 탄다
앞다투어 달려온 시간 담장 위 걸쳐놓고
저만치 물러앉아서 누구를 기다리나

아린 세상 열어본다 당도 않은 기별을
꼼꼼히 새겨 넣은 붉고 붉은 저 외침을
그랬다 늘 핏빛이었다 누군가 보고 싶을 땐

3부
태산 같다는 그 말

가을 개막식

새벽을 걷어내고 일어나 창을 열면
확 밀고 들어오는 바람의 메시지
달라진 신선한 공기 돌아든 가을이네

태풍의 눈에 들면 풍비박산 뜬눈의 밤
한바탕 썰물 시간 낡삭은 여름 가고
이 아침 빗물 자리에 맑은 햇살 고였네

태산 같다는 그 말

고개 들어 눈길도 하늘 아래 우듬지

탄성이 절로 새는 대접만 한 꽃이 폈소

태산목, 당당한 자태 서늘한 설렘이여

걸맞은 이름값에 유월에야 말문 여네

튼실한 초록 잎에 두툼한 백자 사발

목련이 무색해지는 보름달도 여럿 폈소

겨울 단편 短篇

장대가 닿지 않는 꼭대기 붉은 감은
인심 쓰듯 까치들 양식으로 두었다
무한정 하늘로 뻗는 감나무 깊은 의중

홍시를 쪼아 먹다 하늘도 쪼아가며
물끄러미 지켜보는 흰 구름도 배부른 듯
한갓진 겨울 풍경은 새들을 품어 있네

섣달이 깊어지자 양식도 동이 나고
대한이 얼어 죽었다는 소한의 집 백구 마당
빈 가지 새 한 마리가 시린 겨울 품고 있네

풀꽃 이야기

들녘이 아니라도 길섶이나 맨땅이나
그 어디든 내 작은 발 디딜 수만 있다면
터 잡아 시작할 수 있어 꽃 피우고 씨 맺는 일

무리 지어 들판을 혼신으로 물들이다
건들바람 등을 탄 날 신작로에 추락해도
험지에 꽃 피우는 일 내려놓고 하면 돼

비바람 후 햇살은 무심한 듯 스쳐도
한 줌 흙에 떠는 나를 토닥여 준 은인이지
한생은 웅크린 겨울에서 까만 한 톨 가을까지

화려한 독주회

첫새벽에 당도한 한 줄기 급한 부고
아득한 사막을 깨금발로 뛰고 있다
너라서 그렇게 가면 안 되는 거라고

떠나보낸 사흘 후 그 아들 귀국 독주회
피아노 천상 음률은 어머니의 푸른 유산
팽팽히 전율하는 슬픔 적막도 숨이 멎는

빈자리는 빈 채로 시간 속에 잠겨들고
신의 뜻 알 길 없는 건반 위 흰 나비 떼
챔버홀 꽉 메운 관중 뜨겁게 젖는 저녁

QR코드

정보라면 솜털까지
수직 수평 압화 된

맞대면 손바닥 안
뚫리는 열쇠였네

원터치 찰거머리 신
곱다시 두 손 든다

사랑학 개론

빙판 위 스케이트 빛줄기로 질주하다
구부린 채 탄환 되어 결승선에 꽂힌다
초 단위 더 잘게 쪼갠 찰나는 잔인해라

동굴이 품고 있는 수억 년 침묵의 생
석순과 종유석은 눈빛만 애태우다
방울진 젖은 눈시울 미완의 탑 억겁이다

마주한 긴 기다림 느려터진 자연 섭리
그대에게 닿을 듯 말 듯 파르르 떠는 손끝
수백 년 닿기나 할까 사랑만은 인피니티*

* 무한대를 나타내는 수학기호 ∞.

AI, 게 섰거라

동짓날 먼동 트듯 먼발치 오겠거니
괄시 못 할 된바람 뼛속으로 스며들어
이즈막 깊게 파고든 숨소리가 무겁다

사람에서 시작된 일 앞지르기 일쑤다
끝 모를 날갯짓이 구름에 든 비일지도
아뿔싸 흔들리는 방점 빨간불이 켜졌다

한 끼 밥 엄연한데 내 일자리 내어주고
낯선 세상 뒤안길 버려지는 온갖 낙관
섰거라, 헐어진 가슴 넌 속울음 울어봤니?

수승대 출렁다리

위천을 가로질러 이 산 저 산 마주하고
발치에 두고서도 눈으로만 너를 보다
바람이 전하는 메아리 타는 속이 붉어진 날

구름 올 씨줄 매어 낮달 가듯 가보련다
하늘 자락 한 폭을 내 어깨 드리우고
부푼 맘 우듬지 위로 오작교를 건넌다

묵은 골목길

까마득히 앞서가는 시간 속에 묻혀 있는
오래된 골목길을 자분자분 들어선다
낯선 듯 기억을 부르는 젖은 바람 몰려온다

밥 냄새 저녁연기 자욱하던 낮은 굴뚝
여태껏 찾지 못한 숨바꼭질 내 친구들
담 너머 수줍은 꽈리꽃만 빈 마당을 지킨다

한낮의 적막 깨워 마른 풀 키워내듯
실한 꿈 키워내던 헐벗은 생채기들
골목길 굽은 등 따라 술렁이는 물결이다

사문진 나루터

띄운 배 물길 따라 낙동강을 가르면
금호강도 두물머리 헐레벌떡 닿는다
먼 옛날 들며 나던 보부상
흰옷 자락 웅성댄다

나루터 주막집엔 펄펄 끓는 장국밥
나들이객 때맞춰 강바람도 한술 뜨고
닿으면 흐르는 물길이다
한데 얼려 얼씨구

더디 오는 봄

멍든 가슴 덧칠하는 먹구름의 화염은
오늘도 지구 저편 검은 포성 솟구친다
우주 밖 푸른 점 하나 지구별은 뜨거운 감자

우크라 바흐무트 유령들*이 총을 든다
생사의 갈림길 앞 울음 삼킨 젊은 병사
마지막 여정일지라도 인간애에 거는 오늘

폐허 속 아픈 풍경 파편 되어 날아들고
하늘이여, 목 놓아 어미 찾는 저 조막손
잡힐 듯 지는 붉은 해 그 끝을 당겨본다

* 밤에만 작전을 수행하는 20여 명 규모의 우크라이나 최정예 저격팀.

동강할미꽃

꽃이 피자 봄이 오네
물길 깊은 강 언덕에

눈바람 굽이마다
눈물 삭혀 피는 꽃

스스로 봄이 되라는
꽃의 경전 애틋한 날

동지 밤 이야기

동지 무렵 이맘때면 울 엄마 읊던 노래
짧은 해 빛값 못 하고 겨울 본때 제대로다
팥죽이 푹덕거릴 때
눈발 풀풀 날렸지

등줄기 긴 저 화왕산 산고 끝 해돋이다
어둠은 먼 길 돌아 먼동도 더디 튼 날
"말 마라, 동지 밤 길더라"
날 낳으신 이야기

사랑채 상어른의 장죽이 밤새 타고
또 딸이란 전갈에 삼신할매 원망타가
고맙소, 금줄이 세이레나
동지 햇살 걸렸더라는

4부

첫눈에 첫눈

보리암 소묘

기암절벽 상사바위 수평선에 잠겨들다
큰스님 목탁 소리 놀란 가슴 쓸어낼 때
풍광이 절정에 닿아 중생이 쓰러진다

물안개 길을 내준 금산 허리 마음 도량
안개 걷힌 밤바다 달빛 빚은 그물에
가던 길 돌아다보고 내 안도 비춰보란다

댓돌 위 흰 고무신 달무늬로 푸르러서
파도는 밤새도록 뒤척이다 토해내고
절 마당 바위 그림자 법당 문을 치댄다

오월이면

창 너머 오월은 우거진 산 산빛이다
초록으로 다가와서 퍼덕이는 날갯짓
투명한 햇살 속으로 새가 되어 지저귄다

한나절 익은 고요 산바람도 쉬어 가고
어릴 적 고운 꿈들 어깨 위에 내리면
포플린 꽃무늬 치마 꽃물 뚝 뚝 번진다

다시는 갈 수 없는 오지도 않을 시간
설핏한 오디 향기 가난한 내 앞마당
산 능선 하늘 더 높아 그리움은 두고 간다

오시리아역

동해선 굽이돌아 갈맷길 송정쯤에
입속에서 맴도는 오시리아 오시리아
멈춰 선 낯설은 이름
시린 듯 미끄러진다

태화강 물길 닿는 돌고래를 그리며
낚시꾼 월척의 꿈 일광역을 돌아서면
손 흔든 남동바람이
파도를 철썩인다

닫힌 것에 대하여

닫힌 문 그 너머로 적막이 글썽인다
심심한 햇살은 저들끼리 서성이고
빈 교실 창마다 비친 산빛 하늘 푸르네

소리가 꽃이었고 그 꽃들 반짝였지
운동장 내달리던 아이들의 맑은 함성
또르르 내 앞에 굴러 나와 매달리는 바람뿐

노래가 된 여름

백 년 만에 왔단다 불을 안은 별난 손님
그늘도 뙤약볕에 시름시름 지쳐 있고
기울기 절묘한 지축 그 위력이 머쓱하다

고기잡이 동요가 맨발로 내달아서
여름아, 부르면 여름 아이 달려오던
번갯불 천둥 그리 쳐도 하늘은 멀쩡했다

평상에 잠겨드는 밤하늘의 은하수도
다 열고 더위 쫓던 부채 바람 그리움도
이제는 찾을 수 없나 꿈이 피던 여름날은

서운암 돌확

큰스님 설법 같은 화강암 맑은 빛깔
턱밑에 닮은 자식 또 하나 데불고서
언제나 입시울까지 찰랑이는 샘이다

그곳엔 하늘 담아 흰 구름도 떠간다
중생이 목 축이려다 마음을 빠뜨리고도
한나절 축나지 않고 햇봄을 건져낸다

산언덕 하얀 목련 생기 어린 송이송이
묵은 겨울 꼬리 감춘 팔 부 능선 남실댄다
깊은 땅 물의 시원을 돌확으로 품은 경전

봄비

서릿발 녹여내며
봄이 오는 이른 기별

나붓이 곁에 와서
소리 없이 젖어든다

어느 산 골짜기 넘다
매화 향기 품었네

첫눈에 첫눈

눈이 왔다 십일월 밤 온 세상 다 덮었다
계절의 끝과 시작 하룻밤 새 잇대놓고
아기가 맞이한 첫 겨울
눈이 부신 새날이

한참을 바라보는 창밖 풍경 환한 세상
어제 아닌 또 다른 신세계를 담고 있나
첫눈에 첫눈 읽는 뒷모습
시원始原의 맑은 성자聖者

쪽파 변신

허리 굽은 노파는
쪼그린 채 종일 앉아

파 겉옷 연신 벗겨
모닥모닥 팔고 있다

쭉 뻗은 가랑가랑 허리
하얀 속살 초록 갈채

선풍기

주야장천 돌아서 제 생을 다할 결심
부채를 날려버린 네 당당한 그 위력
소나기 쏟아지는 소리 바람을 부풀린다

쪽방촌 할아버지도 삼복더위 효자 같은
사람의 숨통을 찜통에서 건져내는
원터치 심폐소생술 피돌기에 이상 없다

죽녹원에서

대숲에 선듯 들면 서늘한 울림 있지
펼쳐 든 경전 따라 독경 소리 들릴 듯
도도한 댓잎의 흔들림 신내림 서걱인다

천년을 돌아 돌아 막 당도한 바람인가
주눅 든 어깻죽지 들숨으로 힘이 솟고
죽비로 맞지 않아도 스스로 비워낸다

아득히 먼 기억 울창하여 더 쓸쓸한
무한정 그리워서 하늘 향한 내달음
꼭대기 흩어지는 바람 길어 올린 젓대 소리

새 한 마리

망망 바다 바위섬
목이 긴 새 한 마리

물결로 출렁이는
무한의 시간이다

지그시
응시하는 일
선 채로 섬이 된

여뀌꽃

가을이 돌아드는 들길을 걸어본다
익은 노을 붉은 구슬 들판을 물들이면
꽃망울 맺힌 그 자리 갈바람도 머무네

굼턱 진 곳 그저 그냥 지천으로 피는 풀꽃
생각 없어 못 보았던 그 갈채 환한 미소
다소곳 여뀌 여뀌 부르면 저도 나를 안다네

절벽

서늘한 외침이다
발아래 곤추선 벽

섬뜩해진 시공이
한 발 딛고 물러선다

벼랑 끝
여여히 핀 바람꽃
꽃이 된 눈물이지

5부
사람 사는 이야기

그해 소한 小寒

들이닥친 한파가 수군대는 마당엔
얼음장 달빛은 밤새도록 부서졌다
자리끼 윗목에 앉아 살얼음이 되던 밤

구들목 부채 모양 펼쳐 누운 칠 남매
방바닥 남은 온기 열두 번 더 다독이다
새벽녘 먼동도 더뎌 군불 지피신 어머니

모퉁이 시래기는 바스락 자장노래
문풍지는 떨며 울며 줄 터진 비파 소리
내 자린 늘 가리지기 칠흑 어둠 별이 떴지

사람 사는 이야기

베란다 배수관 좁은 틈새 방가지똥풀
애잔한 생명 하나 업둥이 자식 같다
노란 꽃 꽃대 위 홀씨 된 날
초록 잎은 쓰러지네

천지창조 부여받은 한 생의 순리 바퀴
시든 풀잎 안간힘에 꽃망울 달고 있네
사람도 자식 낳아보면
비로소 가슴 뛰지

저 놀이터 시이소 쿵덩방아 다시 찧고
아이들 까르르르 해맑게 여는 세상
딸아이 엄마 된 날에
단비가 내리더이다

심부름

창녕 김약국 한약방집 넷째 딸은
똑소리 난다카며 별명은 똥그래미
장날엔 외상 약값 받으러 다 제끼고 보냈지요

아버지 일러주신 택호들을 되뇌었다
어멀리 생꼴땍이집 도랑 건너 꼼보아재집
개 조심, 살짝 밀고 계심껴 김약국집에서 왔는데예

대목 밑 부산한 날 온 동네를 돌았지요
아부지가예 대목이라꼬 밀린 약값 달라캐예
받아 온 기억은 없다 현찰 부재 그 시절

껌

깡 자 단 건들바람
거들먹이는 우격다짐

어쩌다 관용어로
어둠에 말려든 너

어릴 적 단물 빠져도
죙일 놀던 입안 절친

춘분

찬 바람 순해져서 풀섶에 닿는 삼월
겨우내 청마루 안 북풍 뚫고 들던 햇살
처마 끝 살짝 내리고 밤낮 길이 재는 중

벚꽃은 몽글몽글 터뜨릴 본새다가
감탄사로 내지르는 목련꽃 하얀 나비
숨 고른 가지 끝마다 봄빛이 건너오네

들녘엔 어느새 억세진 냉이 꽃대
무젖는 먼 봄 향내 머위 곰취 쌉쌀한 맛
한달음 치닫는 계절 밀물처럼 오는 하루

학, 달빛에 그으는 밤

뜨거운 석양이 혀를 빼는 늦은 여름
삼거리 노과붓집 점방에도 해가 길다
깡소주 파리한 술잔 익어가는 아버지

말로써 무장시킨 막내를 보낸다
용케도 사신이 붉어진 학을 건져 오자
엄마는 불러낸 오 선생을 싸잡아 퍼부었다

구성진 노랫가락 목마친 한 소절을
청마루 끝 걸쳐놓고 웅크린 채 우셨다
이슥한 달빛 자락 덮고 곤한 잠에 빠진 듯

찾아든 평화는 풀벌레 울음 가득
술에게 따진다 웬수라고 꺼지라고
나직한 술의 고백은 외로움의 벗이란다

운주사

애당초 도암 들판 돌이었고 바위였네
하늘 자리 별자리를 땅으로 끌어와서
빚은 돌 천불천탑은
새 세상을 꿈꾸었네

하나같이 어진 부처 말없이 말을 걸고
쫓긴 듯 다 던지고 이슬 밟고 떠난 도공
그 자리 와불이 된 채
기다림에 잠겨 있는

쏟아지는 별빛에 소쩍새 우는 밤도
기대는 듯 가고 마는 바람에 이골 나고
천 년도 살면 또 살아진다
품에 가만 누우란다

꼰대 세대

한여름 시냇물에 발가벗은 물장구들
구름 뒤 해님이 숨바꼭질할 때면
입술이 새파래진 아이들 너럭바위 오른다

데워진 구들장은 젖은 몸을 말려준다
기댄 등에 둥근 온기 파장을 그리다가
한 시절 벙그는 결 따라 자연이 된 무딘 천성

침묵만큼 속 깊은 마른 이끼 바위인데
댓바람은 나불대며 마구잡이 몰아친다
꼰대라 불러도 좋다 세월 견딘 꼰대니까

뭉크미술관에서

노르웨이 오슬로 뭉크를 만날 시간
숨 막히는 절절한 절규*를 떠올리며
발걸음 들어선 자리 자화상을 마주한다

그에게로 가까이 그림 속에 날 두고
예술혼이 감내하던 스멀대는 그림자
걸친 옷 헐렁한 집 한 채 정겨워진 넓은 품

어둠을 사르려던 붉은 노을 흔들릴 때
공포가 된 고뇌는 붓끝에 휘몰아쳐
뭉클한 내면의 프리즘 한 겹 한 겹 벗겨낸다

* 노르웨이의 화가 에드바르 뭉크의 연작 중 하나인 표현주의 그림.

자장가

사랑이 사랑이를
다독이는 고운 꿈길

나비 날아 꽃은 피고
꽃술에 닿는 젖내

한나절 심심한 햇살도
창가에 조는 봄날

제주, 곶자왈

그 옛날 거저 줘도 안 한다던 가시덤불 숲
척박한 생존터 원시림은 살아 있다
서늘한 어느 숨구멍 궁갈라*를 만날 듯

기어이 돌을 갈라 파고든 나무의 뼈
정 맞은 듯 할 수 없어 틈을 주고 말았을
갈등 속 세월을 녹여 저들끼리 굳힌 역사

큰 나무 부러져서 그 자리 하늘 뚫리면
바람부터 술렁인다 이것이 틈이라고
수억 년 원시의 숨결 콧등이 시큰하다

* 미국 영화 〈타잔〉의 인기에 힘입어 제작된 이탈리아 영화 〈정글 소녀 궁갈라〉의 주인공 이름.

또 한 시절

가을이 다 보이는 가로수 길 작은 집
무심히 지나치다 낙엽 하나 툭 걸린다
목소리 드나들던 곳 공중전화 아직 있네

멈춰진 오랜 시간 갇혀 있는 이야기
기다림도 희미한데 여태껏 도는 핏줄
손에 든 스마트폰에게 옹색한 말 할 리 없지

파발 대신 동전의 힘 주고받던 촉촉한 정
유선 타고 생생하게 급한 맘도 풀어냈지
어느새 밀려난 문명 잊히는 노숙인처럼

천하장사

후끈한 단옷날에 두 등판 마주 선다
거머잡은 청홍 샅바 샐 틈 없는 탱탱한 힘
한순간 뿜어 올린다 모래판이 솟구친다

번갯불 으라차차 관중으로 옮겨붙고
엉기다가 버티다가 돌려 냅다 꽂으면
한판 승 번쩍 들었다 놓은 천하장사 터진 포호咆號

세상사 지쳐간다 떼싸움도 씨름 같아라
승패도 정정당당 빛이 나는 넉넉한 날
땀범벅 서로를 닦아주는 훈훈한 풍경 있네

옹기, 모여 산다
– 고성 옹기랑 박물관

투박한 정겨움이 옹기옹기 묻어난다
오랜 시간 절여져 단내 나는 옛이야기
옹기 속 비어 있어도 발효된 바람 소리

햇살로 범벅하여 세월 함께 숙성되면
깊은 장맛 속속들이 배 불리던 옹기그릇
장독간 수건 두른 여인 어머니 손 흔드시네

보리쌀 문대 씻던 오지그릇 물단지
우리 곁을 떠나와 옹기종기 모여 사네
세월아, "밑 빠진 독 물 붓기"
잊힌 시간 밀려오는

둘이서만

서산 노을 사라지고 어둠 펼친 하늘에
산뜻한 풍경 하나 누군가 내걸었네
공산空山에 달 하나 별 하나
수줍음이 선명한 밤

한낮엔 초록빛도 제 푸름에 터진 오월
꽃바람에 날아든 청량한 박하 향기
초사흘 그대 초승 나 샛별 풋풋함이 유난한 밤

| 해설 |

아파서 아름다운 삶과
인간의 정체성을 묻는 서정

이경철 문학평론가

"낮달 진 무덤가에/ 은빛 노을 흔들린다// 억새의 환한 손짓/ 가을 한 필 보쌈하려다// 꺾어도 꺾이지 않는/ 빈손엔 맑은 눈물"(「억새를 꺾다가」 전문)

감동에서 우러나 자연스레 감동을 주는 시

날로 발전하며 새롭게 새롭게 바뀌는 문명의 속도를 따라잡기 힘든 이 시대 왜 시는 계속 쓰이고 또 읽히는가. 생성형 인공지능AI이 신체적 역량을 대신하는 기계적 차원을 넘어 머리 쓰는 일까지 대체해 들어오고 있는 현실에서 인간의 정체성은 무엇인가. 시는 무엇이고 지금 우리 시대와 사회와 인간 개개인에 어떤 효험을 주고 있는가. 시는 어떻게 써야 하며 어떤 시가 좋은 시인가.

　김임순 시인의 네 번째 시집 『숲, 기억 만 리』를 찬찬히 읽으며 찾아든 물음들이다. 그만큼 이번 시집은 삶과 시간과 시대, 그리고 시대가 아무리 변해도 변할 수 없는 본질을 떠올리게 하고 있다. 때론 감동으로 툭 터져 나와 자연스럽게 흐르는 시로, 때론 머리 싸매고 어렵게 어렵게 공들여 가며 쓴 시로, 때론 극히 응축된 서정으로, 때론 길게 늘어지는 서술로 인간의 정체성과 시의 존재 이유와 효험을 묻게 하고 있다.

　제사題詞식으로 맨 위 제목 아래 인용한 「억새를 꺾다가」는 가을날 은빛 출렁이며 피어나는 억새꽃을 소재로 한 단시조다. 45자 안팎의 단시조의 짧은 정형, 틀에 서정을 응축하고 있다. 두 수, 세 수의 연시조로 나가는 시편들도 이번 시집에는 적잖이 보이는데 자유시에 비해 시조의 맛과 멋은 아무래도 이런 단시조에서 나온다. 시는 짧아야 시답고 야무지다. 짧고 응축된 서정이라야 예술 작품 자체로서 우뚝할 수 있는데 많은 연시조 쓰기의 공력으로 이른 시이기에 맨 위에 인용해 본 것이다.

　위 시에서는 시인과 가을과 억새가 순하게 한 몸 한마음이 돼가고 있다. 하나둘 떠나가고 텅 비어가는 가을날의 서정이 은빛 억새 출렁이며 손짓하고 또 꺾는 상호 적극적인 행위로 하나가 되고 있다. 그래 "가을 한 필 보쌈하"는 생생하고도 절묘한 절구에 자연스럽게 이르고 있다.

그리고 "빈손엔 맑은 눈물"이란 결구를 낳고 있다. '보쌈'과 '빈손' 사이의 여백, "꺾어도 꺾이지 않는" 하고많은 사연이 새어 나오게 하고 있다. 빈손이고 눈물 나는 그리움과 사랑이며, 생의 비의며 깊이를. 그렇게 눈물 나는, 아무런 보상도 없는 생이지만 그래서 사람이고 살 만하다는 것을 텅 비어가는 가을날 우주적 정황과 일치돼 가며 오랜 체험이 누적된 현재진행형으로 보여주고 있는 시가「억새를 꺾다가」다.

    잡풀 속 호박 넌출
    명함도 못 내더니

    절기 알람 된서리에
    일제히 기절한 풀

    세상에,
    풀 죽은 풀숲에
    벌거벗은 달덩이
     -「호박이 굴렀네」전문

가을 초입 된서리 맞고 풀 죽은 풀숲에서 달덩이처럼 커가는 호박을 발견하고 "세상에" 하고 감동해서 쓴 단시조다. 발견이

나 감동에서 무슨 의미를 애써 찾으려 하지 않고 그저 나오는 대로 써서 자연스럽고 좋은 시다. 일상적 언어와 문구를 그대로 가져다 써서 더 자연스럽게 읽힌다. 거기다 우리 민족 특유의 해학까지 더하고 있어 재미있다. 시는 이렇게 감동에서 자연스레 우러나와야 좋다.

고개 들어 눈길도 하늘 아래 우듬지

탄성이 절로 새는 대접만 한 꽃이 폈소

태산목, 당당한 자태 서늘한 설렘이여

걸맞은 이름값에 유월에야 말문 여네

튼실한 초록 잎에 두툼한 백자 사발

목련이 무색해지는 보름달도 여럿 떴소
 -「태산 같다는 그 말」 전문

두 수로 된 위 연시조 역시 감동의 탄성에서 우러나고 있다. 하늘을 향해 짙푸르게 치솟아 오른 커다란 나무에 꽃도 예사

꽃보다 훨씬 더 크게 피어오르니 탄성이 절로 나올 수밖에 없었을 것이다. 그래 '태산처럼 크다' 하여 '태산목'이라 이름했을 것이다.

앞 수의 그런 탄성과 나무 이름을 받아 뒤 수에서는 '태산 같다는 말'에 주목하고 있다. 말을 태산같이, 천금千金같이 신중히 아껴서 하라는 말을 우리는 예부터 참 많이도 하고 들어왔다. 태산목이 봄꽃들 다 지고 난 6월에야 아껴놓은 꽃을 말하듯 터뜨리는 것처럼 소중히 아끼라는 것이다. 그래야 튼실한 말이 된다는 대목에서 시인의 시 쓰기 자세가 엿보이기도 한다.

하르르 폈는데 매화꽃 다 폈는데

봄 햇살 감춰놓고 바람은 왜 저럴까요

오소소 조막손 꼬옥 잡고 매달려 떠는 꽃잎

첫눈에 비친 세상 물색없어 어떡하나

꽃의 미련 못 버려 숨어 있던 겨울 고집

꽃잎도 눈을 뜨는 아픔 비로소 꽃이 된다

―「꽃샘추위」 전문

　제목처럼 '꽃샘추위'를 오소소 떨리는 감각으로 붙잡고 있는 시다. 오감 중에서도 촉각으로 꽃과 시인이 하나 된 서정을 잘 펼치고 있다. 첫 수 초장부터 "폈는데 (……) 폈는데" 하는 반복된 안타까운 탄성으로 단박에 시인과 대상이 하나가 되고 있다. 그 탄성은 "어떡하나" 하는 연민에서 터져 나오고 있다.

　시적 대상, 삼라만상을 자신의 몸과 마음과 똑같이 보는 연민, 대자대비한 마음일 때 서정은 자연스레 우러나 만물과 소통할 수 있다. 그래야 뒤 수 종장 "꽃잎도 눈을 뜨는 아픔 비로소 꽃이 된다"는, 아픔도 위안이 되는 실감 나는 절구에 이를 수 있는 것이다.

　　부나비 찾아드는 푹푹 찌는 한여름 밤
　　산마루 초승달은 지구를 돌아오다
　　시냇물 징검돌 아래 멱을 감아 산뜻하네

　　두레박 첨버덩 우물물 퍼 올려서
　　어둠 뒤에 까무룩 한바탕 친 등목 세례
　　세상은 다 내 편인 듯 찡긋 웃는 눈썹달님
　　―「보초 선 초승달」 전문

이상기후로 이제 40도를 오르내리며 푹푹 찌는 한여름을 식혀줄 시원한 시다. '시냇물 먹'이며 '두레박 등목' 등 여름날 시원했던 옛 추억을 그대로 떠올려 주고 있다. 그런데도 시의 시제는 현재진행형으로 나가고 있다.

이처럼 이번 시집에는 추억을 현재화하는 시편들이 참 많다. 지나간 고리타분한 그렇고 그런 과거며 추억이 아니라 현재도 진행되고 앞으로도 그러할 서정의 시제인 현재진행형으로. 시대가 아무리 변해도 변할 수 없는 인간의 정체성과 우주 삼라만상의 본질을 드러내기 위해서일 것이다.

추억의 현재화로 드러나는 인간의 정체성

  한여름 시냇물에 발가벗은 물장구들
  구름 뒤 해님이 숨바꼭질할 때면
  입술이 새파래진 아이들 너럭바위 오른다

  데워진 구들장은 젖은 몸을 말려준다
  기댄 등에 둥근 온기 파장을 그리다가
  한 시절 벙그는 결 따라 자연이 된 무딘 천성

침묵만큼 속 깊은 마른 이끼 바위인데
댓바람은 나불대며 마구잡이 몰아친다
꼰대라 불러도 좋다 세월 견딘 꼰대니까
―「꼰대 세대」전문

  시대에 뒤떨어져 예전 하던 대로 사는 사람을 이르는 '꼰대'를 그대로 제목과 시어로 쓰고 있는 세 수로 된 연시조다. 알몸으로 시내에서 물장구치고 너럭바위에서 젖은 몸 말리던 어린 시절 추억일진대도 현재진행형으로 나가고 있다. 왜? "한 시절 벙그는 결 따라 자연이 된 무딘 천성"이니까. 그러니 댓바람 몰아쳐도 "속 깊은 마른 이끼 바위"처럼 추억은 천성天性이 되어 변화무상한 이 시대를 사람답게 지키게 하는 것은 아닐까. 그래 '꼰대'를 인간의 정체성쯤으로 여기고 있는 시다.

  "한 끼 밥 엄연한데 내 일자리 내어주고/ 낯선 세상 뒤안길 버려지는 온갖 낙관/ 섰거라, 헐어진 가슴 넌 속울음 울어봤니?" 세 수로 된 연시조 「AI, 게 섰거라」의 마지막 수다. 지금 AI 시대에 뒤떨어진 마음들을 대변하듯 후련하게 읽힌다. 그러면서 AI는 대체할 수 없는 '헐어진 가슴 속울음'을 내세우고 있다. 인간의 정체성으로.

대숲에 선듯 들면 서늘한 울림 있지
　　펼쳐 든 경전 따라 독경 소리 들릴 듯
　　도도한 댓잎의 흔들림 신내림 서걱인다

　　천년을 돌아 돌아 막 당도한 바람인가
　　주눅 든 어깻죽지 들숨으로 힘이 솟고
　　죽비로 맞지 않아도 스스로 비워낸다

　　아득히 먼 기억 울창하여 더 쓸쓸한
　　무한정 그리워서 하늘 향한 내달음
　　꼭대기 흩어지는 바람 길어 올린 젓대 소리
　　 ─「죽녹원에서」전문

　대나무의 고장 담양에 가면 산자락 하나 전부를 대숲 정원으로 가꾼 '죽녹원'이 있다. 그 대숲에 들어 천년을 한순간에 만나며 심신의 힘을 얻고 있는 연시조다. 대숲에 부는 바람은 '천년을 돌아 돌아 온 바람'이다. '아득히 먼 기억 울창하게 서걱이는 소리'며, 그 소리는 '신내림 소리'며, 먼먼 신라 적 만파식적萬波息笛 같은 "젓대 소리"다.

　우리네 추억은 이렇게 시간의 풍화작용으로 아득히 멀리 거슬러 오른다. 나, 인간과 우주의 창세신화를 우리네 추억은 거슬러 올라 매일매일 재현하고 있다는 것을 대숲 일렁이는 바람은 전하고 있다. 우리도 꿈속에서, 아니 새벽 텅 빈 시간에 그걸 익히 체험하고 있지 않은가. 그러면서 아득히 먼, 시원을 향한 무한정의 그리움에 빠져들고 있지 않은가. 그런 그리움도 인간 정체성의 한 속성일 것이다.

    빙판 위 스케이트 빛줄기로 질주하다
    구부린 채 탄환 되어 결승선에 꽂힌다
    초 단위 더 잘게 쪼갠 찰나는 잔인해라

    동굴이 품고 있는 수억 년 침묵의 생
    석순과 종유석은 눈빛만 애태우다
    방울진 젖은 눈시울 미완의 탑 억겁이다

    마주한 긴 기다림 느려터진 자연 섭리
    그대에게 닿을 듯 말 듯 파르르 떠는 손끝
    수백 년 닿기나 할까 사랑만은 인피니티
    -「사랑학 개론」 전문

이 바쁜 시대 영원한 사랑을 노래하고 있는 '꼰대'다운 시다. 위 시처럼 긴 기다림과 그리움을 불러오는 게 사랑일 것이다.

그런 사랑론을 세 수로 펴고 있는 연시조다.

첫째 수에서는 몇백 분의 1초까지 분간하는 스피드스케이팅을 통해 찰나적 삶의 잔인, 몰인정을 드러내고 있다. 반면 둘째 수에서는 천장에서 고드름처럼 아래로 커가는 종유석과 바닥에서 죽순처럼 자라 오르는 석순의 동굴 풍경을 통해 억겁의 시간을 말하고 있다. 그러다 마지막 수에서는 인피니티, 무한대 기호 '∞'의 형상을 통해 영원한 기다림과 그리움의 사랑을 말하고 있다.

"위천을 가로질러 이 산 저 산 마주하고/ 발치에 두고서도 눈으로만 너를 보다/ 바람이 전하는 메아리 타는 속이 붉어진 날". 두 수로 된 「수승대 출렁다리」 앞 수다. 동굴 속 종유석과 석순에서 영원히 닿을 수 없는 그리움과 사랑의 무한함, 영원함을 보았듯 마주 보고 있는 이 산 저 산을 잇는 출렁다리에서도 그러함을 보고 있다. 이렇듯 이번 시집에는 추억의 현재화를 통해 영원한 그리움이며 사랑의 아픔이 인간의 정체성임을 드러내려는 시편들도 많다.

과거 현재 미래가 함께하는 순간의 서정 시학

비 그치자 숲에 들면 나무들의 젖 내음

아득한 기억 타래 기척 없이 뛰어든다
앞섶을 풀어놓은 듯 그 향기 등천하네

팽나무 때죽나무 나이테에 쟁여둔
깊은 속내 은근슬쩍 굽텩마다 비친다
유월 숲, 잊어도 못 잊은 저편 시간 여기 있네
 -「숲, 기억 만 리」전문

숲에 들어 그 청신한 공기 속에서 "젖 내음"을 맡고 있는 시다. 젖 내음이야말로 처음 맡아본 냄새의 원초. 그 원초적 냄새에서 "아득한 기억 타래", 기억의 원초를 현재화해 형상화하고 있다. 그러면서 "잊어도 못 잊은 저편 시간 여기 있네"라는 감동으로 아득한 과거와 지금 이 순간을 동시에 잇고 있다.

시계의 기계적, 계산적 시간을 떠나 우리 인간의 시간 양상, 존재의 시간이란 이런 것이다. 강물처럼 흐르는 시간을 수직 단면으로 몇백 분의 1초씩 예리하게 절단하는 게 아니라 그런 찰나에 과거와 현재와 미래가 동시에 흐른다. 이게 서정의 '순간의 시학'이고 현재진행형 시제다. 위 시는 그런 서정적 시간, 아득한 기억 만 리를 의연한 숲속에 들어 현재화해 잘 보여주고 있다.

한 시절 쌓아둔 편지 뭉치 속에서
　　붉은 열매 가지에 앉아 있는 새 한 마리
　　침침한 눈길에 잡힌 홍여새 80 대한민국

　　홀씨가 부러웠을 곱다시 갇힌 시간
　　날지 못한 내 젊음도 다 두고 떠난 자리
　　날마다 붉은 꼬리로 힘주어 지켜낸 꿈

　　빛바랜 그 시간들 무장무장 일어선다
　　묻어둔 이름 하나 잔물결 나비 되어
　　오늘은 너를 보낸다 그리운 사람에게
　　 -「홍여새 날다」전문

　1980년대 발행된 우표 속에 그려진 홍여새를 보고 쓴 시다. 시인과 홍여새가 그대로 일치가 되어 매우 사실적이고 솔직하게 쓴 시편에서 인간의 보편적인 그리움을 확 불러일으키고 있다. 시간이며 추억을 영원한 현재진행형으로 만들고 인간을 인간이게끔 하는 것이 그리움이라는 것을 다시금 공감하고 확인케 해주는, 세 수로 잘 짜인 연시조다.

　　창밖에 달그림자 찾아와 서성여도

빈 가슴 쓸어내어 꽃비처럼 가겠지요
　　지독한 외로움 하나 불러와 앉힙니다

　　목단꽃 피었다고 다녀가라 하시던
　　이 꽃을 나 혼자서 어찌 다 보느냐시던
　　"야들아, 외롭다 외롭다 어찌 이리 외로울꼬"

　　시인 듯 주문呪文인 듯 운율로 퍼지던 말
　　유선 따라 마음 한켠 그런 양 넘겼지요
　　그 너울, 두고 가신 어머니 비가 되어 적십니다
　　-「그땐 그런 양」 전문

　세 수가 유기적으로 자연스레 연결돼 그리움을 부르고 있는 연시조다. 추억이 외로움을 부르고 외로움이 그리움과 사랑을 부르고 있다. 삶에서 솔직하면서도 자연스레 우러나 생생하게 잘 읽힌다. 그러면서 그런 그리움으로 시를 쓴다는 시인의 시적 자세도 자연스레 드러나는 시다.

　　갯바람 만난 파도 바위섬을 끌어안자
　　부서지는 숨결은 달빛의 허밍인 듯
　　서늘한 거문고 울림 술대의 떨림이다

해국도 달빛 감고 혼곤히 잠이 들면
등대만 깜박깜박 수평선 내달릴 즘
바위섬 심연에 쟁여진 그리움이 곡조 되는
 -「슬도명파瑟島鳴波」전문

'슬도명파'라는 제목 참 어렵다. 한자를 보니 무슨 말인 줄 알겠고 시 내용도 압축하고 있지만 이런 한자 관념어 결합은 제목은 물론이고 본문에서도 피하는 게 나을 성싶다. 그럼에도 바위섬에 부서지는 파도 소리와 파도에 부서지는 달빛에서 만물에 쟁여진 그리움의 곡조을 드러내는 공감각과 시적 깊이는 빼어나다.

응축됐으면서도 속 깊고 자연스러운 단시조의 맛과 멋

닫힌 문 그 너머로 적막이 글썽인다
심심한 햇살은 저들끼리 서성이고
빈 교실 창마다 비친 산빛 하늘 푸르네

소리가 꽃이었고 그 꽃들 반짝였지

운동장 내달리던 아이들의 맑은 함성
또르르 내 앞에 굴러 나와 매달리는 바람뿐
- 「닫힌 것에 대하여」 전문

출산율이 떨어지면서 문 닫는 초등학교들이 늘어가고 있는 현실을 아파하며 서정화하고 있는 시 참 좋다. 초등학생들의 그 해맑은 소란과 함께하던 추억의 생생함이 있어야만 이리 씁쓸하면서도 밝은 시가 자연스레 나올 수 있을 것이다.

꽃이 피자 봄이 오네
물길 깊은 강 언덕에

눈바람 굽이마다
눈물 삭혀 피는 꽃

스스로 봄이 되라는
꽃의 경전 애틋한 날
- 「동강할미꽃」 전문

이른 봄 눈 뒤집어쓰고도 꽃을 피우는 할미꽃을 그린 시 참 좋다. 단시조의 멋과 맛을 한껏 보여주고 있다. 우리 민족 귀에

살가운 시조 정형의 운율이 잘 살아나고 있다. 글자 수에서 나오는 자수율의 답답함을 털고 시상 전개에 따라 잇고 끊는 단속斷續적인 운율이 좋다. 중장, 종장의 명사 종결이 "스스로 봄이 되라"는 결기를 한층 강화해 주고 있다. 이렇게 단수의 응축 미학에서 시조의 절창은 나온다는 것을 보란 듯 증명해 주는 시다.

   서늘한 외침이다
   발아래 곧추선 벽

   섬뜩해진 시공이
   한 발 딛고 물러선다

   벼랑 끝
   여여히 핀 바람꽃
   꽃이 된 눈물이지
    -「절벽」전문

절벽과 그 벼랑 끝에 핀 바람꽃을 그린 시다. 초장, 중장에서는 절벽을 무슨 결기처럼 단호하게 대하고 있다. 그에 반해 종장에서는 그런 절벽에 핀 바람꽃을 그리움에 사는 시인의 애절

함에 간절히 일치시키고 있다. 그러면서 둔중한 울림과 깊이를 주고 있다.

툭 끊긴 절벽에 서면 누구든 말로는 표현하기 힘든 "섬뜩해진 시공"에 이어지는 죽음 같은 것을 느낄 것이다. 한 발 더 나아갈 수 없는 공간과 시간의 툭, 끊김이 절벽이 주는 보편적 이미지 아니던가. 그런 절벽 같은 생을 그래도 건네주고 이어주는 게 꽃과 눈물이 된 추억일 것이다. 그래 추억이 삶을 여여히 이어가게 할 것이라는 것을 삶의 경륜과 시 쓰기 체험을 통해 바람꽃으로 피워내고 있는 시다.

    사랑이 사랑이를
    다독이는 고운 꿈길

    나비 날아 꽃은 피고
    꽃술에 닿는 젖내

    한나절 심심한 햇살도
    창가에 조는 봄날
    -「자장가」 전문

어릴 적부터 자장가를 많이 들어봤지만 이렇게 환하고 예쁜

자장가는 처음 본다. 시조 정형 율격이 거기에 딱 맞는 언어, 뜻을 만나 가장 훌륭한 자장가가 되고 있는 시다. 물론 단시조 자체로서도 절창이고. 추억의 현재화라는 시인의 노력과 시조 쓰기의 공력이 뺄 것도 더할 것도 없는 절창에 이르게 했으리라.

이처럼 이번 시집 『숲, 기억 만 리』에서 김임순 시인은 AI가 그럴듯하게 시를 쓰는 시대 참으로 인간다운 시를 쓰려 애쓰고 있다. 시 「AI, 게 섰거라」의 제목에서 볼 수 있듯, 또 "헐어진 가슴 넌 속울음 울어봤니?"라고 시 본문에서 묻고 있듯 시대가 아무리 빠르게 변하더라도 변할 수 없는 인간의 정체성과 세계의 본질을 보여주기 위해 속울음을 환하게 울고 있다.

시인의 추억, 전 생애의 진솔한 체험을 현재화해 지금 이 순간 눈앞에 생생한 우주의 서정적 풍정으로 응축해 보여주려 애쓰고 있다. 그래 따라가기도 힘든 최첨단 문명 시대의 속도에 다친 마음들을 위로하며 우리 인간과 사회를 끝끝내 인간다운 세상으로 나아가도록 하고 있다.